EDEN HIGHER

Fabien KUILLIERIER

EDEN HIGHER

CRASH TEST

Comme une entaille
Dans les nuages
Une ivresse suspendue
Quelque chose
D'aérien
D'éminemment définitif

Quelque chose d'indicible
Comme une histoire ancienne
Tracée au scalpel
Quelque chose de fragile
Mais dont le grésillement réveille encore
Des échos assourdissants

Puis la subtile décomposition
D'un cœur qui ne vibre plus
Paralysé
Par le manque et l'absence
D'une impérissable douceur
Le souvenir de tes lèvres
Comme unique source d'aspiration

Une histoire

Une accumulation lente
De courbes flottantes
Aux impacts cruels
Un émerveillement puissant
Devant des paysages qui s'effacent
Le souvenir excédant
Des dimanches à l'horizontal
De nos regards
Les heures passées sur la route

Une histoire

Quelque chose de superflu
Mais dont les fines étincelles
Encore et encore
Délimitent mes échappées nocturnes
Mes déambulations moroses
À poursuivre de ta silhouette
La course naïve des météores

Et sur ton épaule
Toujours
La lumière qui tombe
Ou qui se lève
Suivant l'orientation des astres

Une cartographie ancienne
Et capricieuse d'un corps
Dont les reflets et les fragments
Me maintiennent éveillé
Kaléidoscope aigri
Par le temps
Par le sombre de mes débauches
Et mes acrobaties stériles
Tout le long de ces galaxies perdues

Quelque chose qui brille
Alors que tout s'éteint
Une désintégration joyeuse
Des nébuleuses qui me submergent
Cette impérissable douceur

Quelque chose
Comme un voyage vers les hauteurs
Et puis la chute
Généreuse
Absolue

Je ne me souviens plus

Simplement
Depuis
Je conserve
Toutes ces images
Par désoeuvrement
Tentative désespérée d'aplomb
Tentation vaine et maladroite
Pour sécuriser mes lignes de flottaison

Quelque chose d'insouciant
Face à la monstruosité du courant
Qui m'éloigne

Une histoire
Quelque chose d'inutile
Et d'insaisissable
Un amoncellement semblable aux autres
De situations
De mots
De regards
La même candeur les mêmes inepties ressassées
Une histoire construite
Dans l'urgence et la profusion
Suivant des schémas éculés
Pourtant
Ce qui est certain
C'est que cette histoire fut la seule
À me maintenir en apesanteur
À me préserver du bourbier commun
Où je me fatigue aujourd'hui
Les ailes broyées
Le regard vide
Icare stupide.

JAMAIS FIN

Le littoral et ses fantômes

Le temps se lève enfin
Les yeux cernés
Par des relents d'ivresse
Après une succession connue
D'épisodes nuageux
Et d'intempéries possibles
Le temps se lève enfin
Sur un pays familier
Prévisible et fatigué

Ma mémoire s'y égrène
Sur des crêtes lointaines
Des hauteurs largement dénudées
Autant de repaires envisagés secrets
Où les rafales
Violentes
Balaient de sombres falaises
L'affliction
Et la tristesse
Et la douceur
S'y entremêlent
Tout le long d'un chemin étroit
Surplombant de vastes abîmes

La rivière

En mémoire
S'il ne restait que cela
Un écoulement sinistre et puissant
Depuis les sommets orageux

D'un paysage éventré
Une large embouchure
Un déferlement de remous
Serpent depuis ta nuque
Jusqu'au creux de ton bassin
Une cicatrice nette
Une provocation
Rouge comme une ligne
Déchirant l'horizon
Mais peu à peu
Toutes ces images me détériorent
Ou se dispersent

Pourtant
Je n'en suis pas certain
L'espace me semblait réduit
Étonnamment resserré
Une chambre peut-être

L'approche

Une plage ouverte
Dont la blancheur étonne
Un paysage lisse
Aux lignes accueillantes

Une rémission
Après les nuits tendues

La terre encore saturée
Gorgée par les soirées avinées
Alourdie
De tristesses inutiles souillée
Par les errances et le repentir
Un éden que l'on quitte
Péniblement
Lourd des sanglots
Du regret dans la vitesse
Autant de larmes sur un rasoir

J'imaginais me souvenir de toi
Je reconnais maintenant que seul l'impact
A marqué au fer blanc mes pensées
D'une amertume particulière

Sous le vent

Submergé par tant d'obstacles
Et d'évidences ressassées
Mon enthousiasme affaibli
Je n'y retournerai pas
Plutôt m'échouer à la grève
À croupir
Sous les pontons
Que la lumière écrase
Comme un devoir
Un salutaire emploi de mon temps

Bien à l'abri des courants
Couper les motrices
Exténué saturer mes iris
De puissants ressacs
Envisager serein
D'invincibles lames
De profonds déluges
Me rappeller
Au souvenir retentissant
Des mélodies lascives et insouciantes
Essayer de t'oublier cette nuit
Pour - je le sais - dès lendemain déchanter

De zibeline

Depuis mes fenêtres
Aux falaises ouvertes
À regarder tanguer le vague
Les modulations d'un paysage
Intérieur

Ces béances difficiles
À souffrir
À cause
Des clenches rouillées

De l'amertume intime
À la mélancolie naïve
Je suis toujours aussi
Malhonnête avec ma tristesse

Ce continent opaque et souple
Émouvant de bouteilles à la mer
De sombres SOS à peine voilés
Et de tessons flottants
Et au milieu un coeur
Et des traces dedans

Salle défaite

Des ecchymoses
De la terre sous les ongles
Et des éclats dans les veines
Une irrépressible envie de rien

Les gencives aux parpaings
L'envie de s'abîmer la peau
Dans un vol statique
Des glaires collés au cockpit
Une vision troublée
Par la haine et le ressentiment

Toutes ces images
Tous ces revers de mémoire
Volontairement biffés
Une cartographie encore un peu floue
Des humiliations et des torgnoles
Qui détermineront tant bien que mal
Une vie

Tout est encore là
Tout est ridicule

Un chant d'amour

La multiplication des infortunes

Une concentration
D'erreurs et d'approximations
Les accumulations
L'enchevêtrement des peines
Des fractures
Les déboires
Les impayés

Un périple envisagé
Moins humiliant
Sur ce sentier
Qui s'enfonce
Doucement
La solitude
Vigie fidèle et attentive
M'accompagne
Radieuse et bienveillante
Vers ces plaines
Qui aujourd'hui m'abîment

Octobre 23
Samedi 14

Je me suis réveillé, fébrile et hors de souffle, une nouvelle fois expulsé de mon sommeil par ton fantôme. J'imagine aisément qu'il en sera ainsi encore et encore. Peu importe la succession grise et lente des matins ou des saisons à venir les vaines promesses. Peu importe la rotation des astres ou la fin qui se profile… Peu importe.
La situation sera la même.
Quelque part. Toujours.
Ton fantôme.

Je me souviens, je n'avais pas les armes. Je me suis présenté dans mon armure fragile, sur la ligne de front, guindé mais plein d'espoir. Je souriais peut-être encore un peu à l'époque.
Je me souviens, j'avais vingt ans. Une idée vague des combats à mener. La silhouette et les articulations encore graciles. Toi, tu semblais plus fringante que moi. La tristesse se lisait pourtant, aussi, sur les fils de ton étendard brisé.
Vingt ans, deux monolithes translucides par endroits, deux colosses aux fondations poreuses.
Nous étions prêts, l'un comme l'autre.
Tout en avait été décidé ainsi.
Tout s'annonçait si simplement…

(…)
Mais maintenant, je sais.
Je ne pourrai jamais te retrouver.

Tout en a été décidé ainsi.

(…)
Fragilisé de partout et fort de si peu, mon esprit a fondé un empire autour de quelques bribes plus ou moins ténues. Plus ou moins remarquables. Et le temps a lissé les rochers, les créneaux, les merlons. Un empire, une citadelle autonome. Cristalline. Une enclave dans le cerveau. Et tout le long des chemins de ronde où la nostalgie et la joie de se complaire scintillent de concert, il me reste aujourd'hui un goût amer et prononcé.

Celui de l'impossible contrarié.

Je reste ainsi
Scrutant les lignes de crêtes…

Attentif aux aurores.
À envisager un nouvel Eden.

EDEN HIGHER

Seul maintenant
Sur des berges profondes
Aux courbes lumineuses
À déambuler
En retrait du courant
Bien à l'abri des ondées

Passeront les saisons
Chancelleront mes étais
Mes constats
Mes remords
Tous ces manques
Ces poursuites inutiles

Puis un jour après tout
Respirer comme les lumières déclinent
Envisager radieux
Un toboggan pour le néant
Et m'y laisser glisser
Inspiré
Expirer

Les lueurs

Les sirènes
La nuit
La pluie
Des feux entremêlés

Intimement
La chaleur
Des rues des villes
Le long des artères
Des phares
Ces nébuleuses
Qui glissent d'un amour vers le flou
Infiniment
Le silence
Et mes appels
Et mes sonneries vers plus rien
En être là

Interroger la nuit
Par désœuvrement
S'en remettre au chaos

Les meurtrières

À la lumière
D'un jour qui s'étire
Mes promenades au creux de l'été
Solitaire le long très long moment
À arpenter le chemin des écluses

La nuit
Sombre
À ravaler mes blessures
Un égarement nécessaire
Une échappée logique
Envisagé sauveur
Donner l'assaut
Sur un champ de ruines
Un entrelacs de courbes tristes
Une accumulation nerveuse
Qui dégueulerait de mes fantômes
Jusqu'au profond de mes ivresses

Donner l'assaut
En espérant les accalmies

Les phares

Des lumières dans la nuit
Les échos
Par intermittence
Une succession capricieuse de moments
Superflus d'instants oisifs
À regarder briller les éphémères
Ou des phalènes
Le vol capricieux
Des cicatrices
Depuis mes profondeurs
Une course fluide
Légère
Et cristalline
Autour d'un réverbère
À l'écart et bancal

J'avais peur de t'oublier
Mais cela se fera

Doucement
Probablement

Des néons cassés

Sur le noir du bitume
Tout se plisse
À l'extinction des luminaires
Tout s'entremêle
Les perceptions
Des chiens
Le hurlement
Dans la nuit
Ondulantes et incertaines
Les agitations
D'un corps affalé
Dans la chaleur
Enregistrée par l'asphalte
Plus tard
Au creux
Du sommeil et de la fièvre
Les souvenirs des mêlées

Dans le crépitement
Des stroboscopes
Nos carcasses éventées

Les interstices

Aux fenêtres laissées vacantes
Les persiennes oubliées
Et le ciel qui tournoie
Et la chaleur
L'été
Des premières cuites

Des écorchures profondes
Le sang qui tourbillonne

Des éclairs
Au creux des yeux et des angoisses
À l'ombre des saules
Se laisser
Glisser vers des contrées nouvelles
Et inhospitalières
Appareiller sans conviction
Pour la honte
La culpabilité
Respirer
Ne plus respirer

La fenêtre ouverte
18.11.1993

Après les chaleurs étouffantes
Les après-midi solaires
Depuis l'intérieur
En contre-jour
Des photographies de l'envol

Du désir de partir

Un enfant triste et racorni
Les bras secs et froissés
Par excès d'amertume

En apnée
Je me disais
Je te rencontrerai

Puis un jour
Sous la pluie
Et les lampadaires qui dégueulent
Ce fut novembre

Les orifices

La douceur d'être en apnée
De descendre seul
Tout le long chemin
Des peines
La douceur de s'y perdre
Mais ce n'est pas tout
Ce n'est pas que cela
Vient ensuite
La joie naïve et enfantine
D'atteindre
Sous les lignes de flottaison
Le profond et la nuit
Où se dessinent subtils
Les premiers pas
L'esquisse d'un sentier
D'un désir une ligne ténue
Qui mènerait loin vers les crêtes
Y remonter
Inspiré
Espérer
T'oublier

L'ouverture éclair

L'aventure
Des sentiments
La joie d'être dedans
Ce plaisir simple de regarder
Observer la course lente
Des nuages
D'après l'orage
Le corps lourd
Chargé comme un rafiot

Cette joie simple
Qui éloigne
Ce plaisir encombrant
Incommode à révéler
L'ivresse
À pleins poumons
Cabossé
Heurté au plus profond
Être là
En souffrance
Soupirs et continuer

Les persiennes

Je me suis retourné
Par addiction
Le chemin de la prairie
Au bord du Barangeon
Mon coeur découpé
Selon les pointillés

Les fenêtres
À l'étage entrebâillées
Dans ma mémoire
Des impacts et des béances
Invincibles
Encore
Peu importe les années

Bienheureux qui connaît
Du plaisir la joie simple de souffrir
Inutilement
Je n'ai pas réussi
À oublier
J'y arriverai

La brèche nouvelle

Avancer au hasard
Dans une obscurité
Latente
L'oubli
Les pieds
Les poings liés
La mémoire entravée

En sourdine les rétroviseurs
Mes yeux glissent sur des paysages
Ouverts et par endroits sublimes
Sous des accumulations brumeuses
La route
Comme une mécanique
Aux courbes nerveuses

Je suis là
Dans le mouvement
Et la vitesse
À espérer tomber
Volontaire mais indécis

Ton épiderme

Un corps éteint
Épuisé par les impacts
Statique
Dans sa chute

Rongé par l'amertume
Ou le désir
De mieux faire

Ivre dans la plaine
Depuis longtemps
Un monologue indu
Des incantations stériles aux astres
Contrarié
Par la perte
D'un corps
Céleste et noir
Je sombre au ridicule

Parfois c'est vrai
Ma solitude est radieuse

Les orifices II

Des souvenirs
L'ivresse maintient
Souvent la peine à l'étouffoir
La nuit
Pourtant le jeu
Précis des ombres qui se découpent
Sur la trame épaisse du velours
M'anéantit
Comme autant de torpilles
Ou d'exocets
Autant d'impacts ou d'éclairs
Au coeur des nuits profondes
Ta peau
Ces subtilités tragiques
Où s'effrange ma cervelle
Ardemment
La nuit la solitude

Au matin
Enfin revenu des abîmes
Un calme relatif

Les fenêtres II

Les yeux
Seuls réceptacles encore attendris
Parfois encore surpris
Par l'enthousiasme
Du soleil
La réverbération
Entre les branches
Le scintillement des étoiles

Un appauvrissement progressif des envies
Prématurément
Les indices
D'un coeur en retrait
Abandonné
Fonctionner
Marcher
Sans résignation
Scruter la vie
Par les interstices
Avancer sans itinéraire
Sans point de fuite en tête

Les éclats

Palper
Tâtonner
Des mains jointes
Crispées
Nerveuses dans la dévotion
La sombre douleur

Les mains
Le regard incapable de saisir
Dans cette promiscuité cruelle
Du mouvement général
Les choses qui se jouent
La nuit une chambre l'été
Cette touffeur
Les mains

Seuls réceptacles encore attendris
Les mains
Parfois
Encore un peu surprises
Par ce désir tenace

Les paravents

Au souvenir plaisant
De nos surfaces sensibles
Et de nos épidermes
Incandescents
Le jour
Comme la nuit
Autant d'étoiles empourprées
Autant de vertiges
Suspendus

La nostalgie d'haïr
Les voluptés d'hier

Le plaisir malvenu
Des sombres déambulations
Solitaire
Morose
À border les comptoirs
L'enthousiasme
Et le souffle à la peine
Intact et raffiné

Les reflets

Un excès de désir
Et d'allégresse
Chevillé au plus profond
Je m'aventure
Encore
Vers ce domaine
Cette entaille dans la vallée
Les yeux rivés
Sur les nuages
Qui se reflètent
Depuis le pont
Un épisode écarlate
Une brèche dans la forteresse

Je sais depuis longtemps
Que le trouble
Viendra
Toujours
De Toi

L'accumulation - les soupirs

Les phares II

Cette douleur d'être là
Depuis trop longtemps

L'amertume
L'alcool
Et la tristesse
Autant d'embarcadères familiers
Pour
Un coeur assombri

Une route
Un chemin
Des années
À contempler dans la langueur
S'abîmer les lentes soirées
Chargé comme un rafiot
Aux entailles qui suintent
Des ressacs à l'infini
La tristesse
Radeau fragile
Aux remontées amères

Les envolées

Un paysage profond
Généreux jouant
Des ombres
Des lumières
Des successions de brumes
Et d'étonnantes dépressions
Une accumulation paisible
De saisons troubles
Et de terribles orages
Des variations
Des clairs-obscurs
Et quelques évidences sereines
Un lieu
Sans lien sans ancrage
À l'abri des courants
Une enclave
Qu'on penserait inhospitalière
Par manque de temps
Et d'élégance

Un pays simple d'après la pluie

Les éclats

Descendre
Prendre soin
De condamner les écoutilles
Plonger au sombre des abîmes

Descendre
Ne plus rien retenir
Des raclées et des coups
Les accumulations

Une tristesse
Cette fragilité qui entrave
Cette incapacité chronique
Une tristesse
La difficulté
Parfois les crispations douloureuses
Et la solitude
Inévitable et profonde
Face au chaos
Face à la vitesse
La joie de se laisser glisser

Des éclaircies heureuses

J'arpente
Des prairies lumineuses
Des chemins
Loin des sentiers vaincu
J'arpente
Un pays flottant
Probablement le même depuis mille ans

Personne ne remarque

J'arpente un pays profond
Supérieur et frontalier

Un endroit sans carte
Aux reliefs anguleux
Accidenté
Et la joie de savoir
Les possibilités
Que je puisse m'y perdre

Personne ne remarquera

Les lucarnes

À l'horizon déjà
Les prémisses d'un gouffre
Au plus près du rivage
Mes yeux écarquillés

Submergée
Par les ressacs
Les possibles écueils
Au plus près des orifices
La mémoire somptueuse
Un entrecroisement
De vagues épaisses
D'images troublantes
La joie simple
Et douce
D'avoir accosté
Subtil attouchement
D'il y a si longtemps
Un territoire profond
Un désir
Lumineux paysage

Les utopiques

Sous la pluie
Les fourmis
De mauvais rêves
Je m'étais assoupi

La course idoine
Des astres et des comètes
La mécanique
Le néant
Les ennuis
L'accumulation des images
Cette maladie inflexible
Pernicieuse au sang profond
L'acceptation maladroite
Des tentatives infructueuses

Essayer
Délester la nacelle
Revenir à la charge
Avec cette intuition maladive
Que tout n'ira pas plus mal

Les sentinelles

Un caillou
Des ricochets

Les pieds doucement
Qui s'habitueront à la fraîcheur
Et au courant

Avancer
Pas léger

Puis un jour
Pareil aux autres
Ne plus écoper sa peine
Plonger
Accepter
Larme à l'oeil
Les écoutilles abandonnées

Se laisser
Faire la planche
Au sein du Pacifique

Les oriflammes

Les battements lourds
D'un coeur
En sourdine
Mes mains doucement
Habituées à la chaleur
Statique et moite
Élégamment
Tes yeux
Un point d'ancrage supérieur
Puis un jour
Alors que rien ne laissait
Présager le meilleur
La rupture
D'une exquise précision
Dans le cours
Ordinaire
Un événement sans logique
Sans appel
Et sans vergogne
Et maintenant
La nuit qui me fixe et me torpille

Nouvelles éclaircies

En revenir
Des aventures amères
Aux acrobaties futiles

Des collisions nocturnes
Aux aurores troublantes
Des impétueuses virées
Aux dénouements cruels

Les habitudes poisseuses
En revenir

Et le soir touchant
À ouvrir des tombeaux
Les yeux sertis
De gemmes

Mon Amour
Petit fantôme
Aux bras ballants
Petit amour aux yeux perdus

Les aurores

Aux branches mortes
La splendeur suspendue
Des horizons
Les retards
Les contraintes
La pénibilité
À l'ouvrage des silences coupables
Une accumulation
Dans la structure

Il y avait
La nuit et ses légendes
Le matin et ses hasards
Tes yeux
Ces particules si fines
D'un monde où tout fut jeune

Et maintenant se dire
Qu'il est encore possible
Éventuellement
Il suffirait à nouveau de se compromettre

Eden higher

Le pire
Doucement
Aligner les pensées
Les soucis
Les immortelles
En mémoire
Des rêves absurdes

D'une envolée ratée

D'une embellie probable
Les espoirs saccagés
Le pire
L'assurance d'une trajectoire particulière
De ma vie dans les orties
Aujourd'hui
Le temps est sombre
La Creuse déborde

Aujourd'hui
Plus rien ne m'aspire

À l'obscur des étangs

Une pluie
Permanente et salvatrice
Des chocs des coups
Les retours
Des bâtons dans les roues
La joie
Et ses contrariétés
Ces petites riens
Fragiles à partager

Un mélange épuisant
Qui confère au néant
Et à la solitude
M'épuiser aux angles
Et aux tranchants
M'habituer à la nuit

Sombrer
Ne pas sombrer
Ne pas sombrer tout à fait
Laisser jouer l'impossible.